AF589796

BIBLIOTHÈQUE GÉNÉRALE DE CINÉMATOGRAPHIE

N° 4 (Série Rose)

POUR OUVRIR UN CINÉMA

(Formalités Administratives)

CHARLES-MENDEL, Éditeur, 118 et 118 bis, Rue d'Assas - PARIS

LA ROCHE-SUR-YON. — IMP. CENTRALE DE L'OUEST

POUR OUVRIR
UN CINÉMA

(Formalités Administratives)

BIBLIOTHEQUE GÉNÉRALE DE CINÉMATOGRAPHIE

POUR OUVRIR UN CINÉMA

(Formalités Administratives)

PAR

E. KRESS

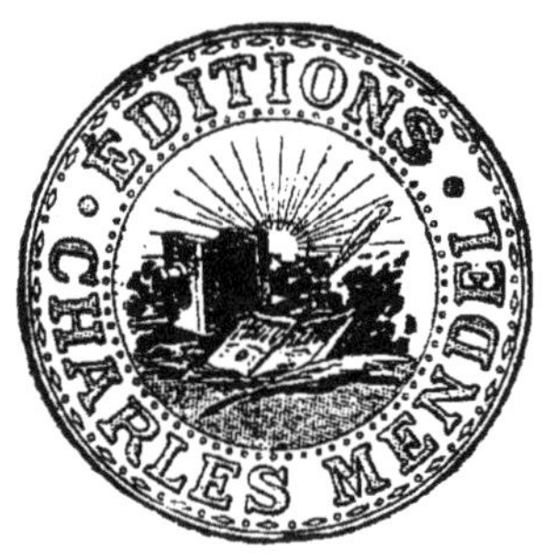

PARIS
COMPTOIR D'ÉDITION DE CINÉMA-REVUE
CHARLES-MENDEL
118 & 118 bis, RUE D'ASSAS, 118 & 118 bis

POUR OUVRIR UN CINÉMA

(Formalités administratives)

Régime imposé. — Charges fiscales.

L'Évolution du théâtre cinématographique a été prodigieuse. Soutenu par la faveur croissante du public, il a conquis, parmi tous les autres spectacles, une place si considérable qu'on l'accuse aujourd'hui d'avoir provoqué la ruine du théâtre dramatique.

Nous n'avons pas à épiloguer sur la discussion qui, à la Chambre des députés, mit aux prises *M. Breton* et *M. G. Berry*, celui-ci défenseur acharné des théâtres. Nous devons, en effet, nous cantonner dans le cercle des obligations légales, des règlements de police que doit, avant tout, connaître quiconque veut ouvrir au public un cinéma.

Sous quel régime sont placés les directeurs de cinéma ? A la suite d'interdictions lancées par certains maires de grandes villes comme Marseille, Lyon, Avignon, interdictions auxquelles les Municipalités d'Aix et de Montpellier ont voulu adjoindre la censure préalable des films, le syndicat des Exploitants du Sud-Est avait porté devant le Conseil d'Etat la question de savoir si les cinémas étaient placés, comme les Théâtres, sous l'autorité, à Paris, du Ministre de l'Intérieur, dans les départements, sous celle des Préfets et, par conséquent, sous la juridiction du décret des 6-18 janvier 1864.

Le Conseil d'Etat a jugé que les cinémas ne pouvaient être assimilés aux Théâtres, et qu'ils relevaient à Paris, de l'autorité du *Préfet de Police*, en Province, de celle *des Maires* des localités où ils sont installés. En d'autres termes, le cinématographe est un spectacle *de curiosité*, régi par l'arrêté de Messidor an VIII et par la loi municipale de 1884, article 97.

Les cinémas seront donc, jusqu'à nouvel ordre, soumis à la juridiction, ou, plus exactement, au contrôle effectif des Maires.

La seconde question qui intéresse le futur directeur de cinéma est celle des *impôts* qu'il aura à acquitter. Si on prenait à la lettre la décision du Conseil d'Etat que nous venons de relater et qui range les cinématographes dans une catégorie de spectacles bien déterminée, la *patente* des cinémas devrait être calculée en prenant pour base les $^{3}/_{20}$ d'une recette type augmentés du vingtième du montant du loyer du directeur. Mais il n'en est rien. Jusqu'en 1914 les exploitants étaient taxés, en effet : 1° d'après un droit fixe selon la recette d'une représentation complète ; 2° d'après la valeur locative de l'habitation du directeur. Le nouvel impôt prévoit : 1° une taxe de catégorie ; 2° une taxe déterminée suivant la valeur locative non plus de l'habitation du directeur mais de la salle de spectacle. La taxe de catégorie est annuelle; elle suit les chiffres du barème suivant :

Pour les communes de moins de			2.000	habitants.	18 fr.
—	—	—	5.000	—	22 fr.
—	—	—	10.000	—	25 fr.
—	—	—	20.000	—	30 fr.
—	—	—	30.000	—	40 fr.
—	—	—	50.000	—	60 fr.
—	—	—	100.000	—	80 fr.
—	—	plus de	100.000	—	100 fr.
Pour Paris, taxe unique de					140 fr.

Ce sont les agents du fisc qui détermineront la taxe sur la valeur locative de la salle de spectacle.

Tous les lieux dits de plaisir ont à acquitter, au profit des hôpitaux et des Bureaux de Bienfaisance, le *Droit des Pauvres*. D'une façon générale, ce droit est égal au 9,9 % du prix des billets pour les cinématographes sédentaires; mais il est relevé à 25 % pour les cinématographes forains ne faisant qu'un court séjour dans la ville, en dehors des époques de fêtes et de foires pendant lesquelles le droit des pauvres est calculé d'après la superficie occupée par l'établissement.

Jusqu'à présent les *droits d'auteur* ne peuvent être perçus que sur la musique d'orchestre, sur les chansons, etc. Ils font ordinairement l'objet d'un abonnement forfaitaire. La société des auteurs, compositeurs et éditeurs de musique a son siège à Paris, rue Chaptal, 10.

Formalités d'ouverture

Nul ne peut ouvrir un établissement cinématographique sans y avoir été autorisé, à Paris par M. le Préfet de Police, en province par le Maire de la ville. On joindra à la demande des plans détaillés, des coupes et élévations à l'échelle de 0 m. 02 pour un mètre. Ces plans indiqueront par étages et par espèces, le nombre des places et la largeur des dégagements mis à la disposition du public. Ils seront fournis en triple expédition et signés. On y joindra les notices relatives à l'installation électrique et on ne commencera les travaux que lorsque les plans auront été définitivement arrêtés. Aucune modification ne pourra être apportée sans que l'autorité ne l'ait acceptée. Lorsque l'immeuble, lorsque la salle seront achevés, on en préviendra l'administration compétente qui fera procéder à une visite de réception au cours de laquelle certaines modifications de détail pourront encore être introduites.

Toute l'installation d'un cinématographe est, en quelque sorte, subordonnée aux ordonnances de police correspondantes. Notre travail aura donc pour but d'analyser ces prescriptions en les prenant pour thème général.

Donnons tout d'abord le texte de l'*Autorisation d'Exploitation d'une salle de spectacle cinématographique* à Paris :

RÉPUBLIQUE FRANÇAISE
PRÉFECTURE DE POLICE
—
CABINET
2e Bureau — 1re Section
DOSSIER N°

CINÉMATOGRAPHE
Établissements de... Catégorie
—

Nous, Préfet de police,

Vu la loi du 16-24 août 1790, l'arrêté du Gouvernement du 12 Messidor an VIII, les ordonnances de police du 31 mai 1833 et du 10 août 1908.

Vu la demande de M. X. tendant à obtenir l'autorisation de donner des séances de cinématographe dans son établissement,

Arrêtons :

ARTICLE PREMIER. — *M. X. est autorisé à donner des séances de cinématographe dans son établissement tous les soirs et les jeudis, dimanches et fêtes en matinée, durant un an sous réserve de l'observation des conditions ci-après et de toutes autres prescriptions édictées par l'ordonnance de Police du 10 août 1908 à l'égard des établissements de ... catégorie et des cinématographes.*

1° *Acquitter le droit des pauvres et donner aux représentants de l'Assistance Publique les facilités que cette administration jugera nécessaires pour la vérification efficace de la recette;*

2° *Rétribuer le service d'ordre et de police, soit 1 fr. 50 par agent en matinée et 2 fr. en soirée;*

3° *Limiter à... personnes le nombre des spectateurs;*

4° *Ne déposer et ne laisser séjourner dans les escaliers, couloirs, dégagements et aux abords des sorties aucun objet pouvant gêner la circulation; entre autres, les chaises, dans les couloirs et allées, sont formellement interdites;*

5° *Ne jamais fermer à clef pendant la présence du public et rendre facilement ouvrables toutes les portes, celles de sortie se développant vers l'extérieur; tenir complètement ouvertes, vantaux accrochés, celles de ces portes qui, exceptionnellement, se développaient vers l'intérieur;*

6° *N'employer pour l'éclairage que des appareils fixes, à l'exclusion absolue des lampes alimentées par les huiles minérales, le pétrole, l'essence, l'alcool et les hydrocarbures;*

7° *Tenir constamment allumées, depuis l'entrée du public jusqu'à sa sortie, les lampes de secours qui, conformément aux articles 150 et suivants de l'ordonnance de police du 10 août 1908 devront être placées en nombre suffisant dans toutes les parties de l'établissement et, notamment, près des directions et portes de sortie;*

8° *N'apporter à l'installation aucune modification qui n'ait été au préalable approuvée par notre administration;*

9° *Ne faire usage, pour les projections, que de la lumière électrique, sauf autorisation spéciale;*

10° *Placer l'appareil à projection du côté opposé à la sortie dans une cabine construite en matériaux incombustibles (portes, fenêtres, parquets recouverts de tôle).*

11° *Ne pas placer de spectateurs à moins de deux mètres de la cabine;*

12° *Aérer la cabine à l'aide d'une large ouverture ménagée dans le plafond et garnie d'une toile métallique à mailles fines;*

13° *Munir les ouvertures pratiquées sur le devant de la cabine et servant au passage des rayons lumineux, de volets métalliques se manœuvrant de l'extérieur;*

14° *Ne fermer la porte de la cabine qu'au loqueteau se manœuvrant des deux côtés.*

15° *Interposer entre le condensateur et la pelli-*

cule une cuve à eau dont la contenance ne pourra être inférieure à un demi-litre (cette cuve sera en permanence remplie d'une solution absorbant les rayons calorifiques, solution d'alun, eau additionnée d'acide acétique). On tiendra en réserve deux autres cuves d'eau semblables dont l'opérateur fera usage en cours de séance ;

16° *N'employer qu'un appareil à enroulement automatique et renfermer les bandes dans deux boîtes métalliques dites carters de sûreté à fermeture automatique absolument indispensables;*

17° *Monter le rhéostat soit sur un support métallique soit sur un tableau de bois évidé ;*

18° *N'employer que des conducteurs d'amenée de courant ayant au minimum une section de un millimètre carré par ampère (ces conducteurs devront être protégés par un fourreau isolant) (tuyau de caoutchouc) à leur pénétration dans la cabine ; la partie souple devra avoir la longueur strictement nécessaire au réglage de l'appareil; cette partie des conducteurs devra être protégée par une gaîne de cuir; en aucun cas, les conducteurs d'arrivée et de sortie de courant ne devront passer au-dessus du rhéostat ni de la lanterne ;*

19° *Ne pas faire usage de lampes mobiles ou de fils souples dans la cabine ;*

20° *Séparer les conducteurs et les tendre sur des isolateurs ;*

21° *Munir le tableau de distribution situé dans la cabine d'un interrupteur bi-polaire et d'un coupe-circuit sur chaque pôle et placer les mêmes appareils de sûreté au départ des conducteurs allant à la cabine ;*

22° *Mettre à la portée de la main de l'opérateur, un extincteur de cinq litres, deux siphons d'eau de Seltz et une couverture de laine;*

23° *Placer à proximité de la cabine un seau plein d'eau dans lequel trempera la couverture de laine d'un mètre carré de surface.*

24° *N'avoir dans la cabine que la bande en service sur l'appareil et renfermer les autres dans des boîtes métalliques placées dans une réserve isolée du public et ventilée;*

25° *Interdire de fumer dans la cabine ;*

26° *Installer l'orchestre de telle sorte que le bruit de la musique ne puisse être entendu du dehors ;*

27° *Ne faire exécuter aucune œuvre musicale tombée dans le domaine public, à moins de s'être pourvu au préalable du consentement des compositeurs;*

28° *Ne laisser ni danser, ni chanter sans demander une autorisation spéciale ;*

29° *Ne laisser faire aucune quête;*

30° *Ne représenter aucune scène susceptible de porter atteinte à la morale ou à l'ordre public ;*

31° *Ne prêter ou sous-louer la salle à qui que ce*

soit, serait-ce pour une seule séance, sans en donner avis à la Préfecture de police au moins huit jours à l'avance ;

32° *Terminer les séances à minuit et demi au plus tard ;*

33° *Donner avis, en temps utile, à la Préfecture de police des relâches, fermeture ou réouverture, ainsi que de toute représentation donnée en dehors des jours sus-indiqués ;*

34° *N'employer aucun moyen de chauffage à moins d'une autorisation spéciale.*

Article II. — *La présente autorisation est personnelle et incessible. Elle sera retirée en cas d'inobservation d'une ou de plusieurs des conditions susénoncées, sans préjudice des poursuites judiciaires qui pourraient être exercées pour contravention aux lois et règlements.*

Article III. — *Ampliation du présent arrêté sera transmise à M. le Commissaire de police d.... qui le notifiera et sera chargé d'en surveiller l'exécution.*

Pour ampliation	*Fait à Paris, le*
Le Directeur du Cabinet	Le Préfet de police

Le contrôle et l'organisation du service d'ordre dans les cinémas, comme du reste, dans toutes les salles de spectacles publics de Paris, ont été confiés par l'actuel Préfet de Police à la direction même de la police municipale et non plus à un directeur-adjoint. Paris est divisé en 10 sections ayant à leur tête un commissaire divisionnaire.

L'apparition sur le marché du film ininflammable a incité le Préfet de police de Paris, le Maire de Lyon, etc., à décréter que ce film serait seul admis pour les projections en public à partir de dates dont la plus éloignée serait : octobre 1915. Ces arrêtés seront-ils rapportés, amendés dans un sens plus libéral? Nul ne le saurait dire. Le futur directeur devra donc en tenir compte ; le film ininflammable n'est pas sans défaut. Mais ces défauts seront fortement atténués si l'on fait choix d'appareils solides et parfaitement réglés, écartant, par conséquent, les risques de rupture qui sont les ennuis les plus gros dus aux pellicules à base d'acétate de cellulose.

Dispositions générales.

Lorsqu'il s'agit de transformer un immeuble pour y créer une salle de cinématographe, à la demande précitée seront joints l'autorisation du propriétaire et les plans de l'immeuble. L'ordonnance du 10 août 1908 nous donnera de nouvelles et précises indications.

La salle et toutes ses dépendances : vestibules, escaliers, foyers, buvettes, dégagements et, en général, tous les locaux accessibles ou non au public seront construits en matériaux incombustibles.

Des grillages métalliques à mailles suffisamment serrées seront établis sous les châssis vitrés éclairant la salle ou ses dépendances accessibles au public. Les châssis de la toiture seront protégés également par un grillage métallique.

Les tentures, toiles et objets de décoration devront adhérer complètement aux surfaces qu'ils recouvriront.

Des portières, des rideaux pourront être établis aux portes et aux croisées ; on pourra placer des tapis sur le sol ; mais tentures et tapis seront faits de tissus ininflammables et ne devront pas gêner la circulation du public.

Les portes fermant à coulisse, les portes tournantes et tambours tournants, les tapis et chemins roulants et les escaliers mobiles ne seront pas tolérés.

La largeur des portes de sortie ne sera jamais inférieure à 0 m. 75. Lorsque plus de cent personnes et moins de cinq cents pourront être contenues dans un établissement, les portes de sortie seront au moins au nombre de deux. On comptera une porte de sortie par groupe de ou de moins de deux cent cinquante spectateurs en plus des cinq cents premiers et ainsi de suite.

Comme nous l'avons déjà remarqué, les portes sur l'extérieur devront s'ouvrir dans le sens de la sortie. Des tambours pourront être autorisés devant ces portes après examen par les services techniques.

La largeur exigible des issues sur l'extérieur ne s'appliquera, d'ailleurs, qu'aux baies destinées exclusivement à la sortie du public et on ne comptera pas, dans cette largeur, les sorties qui pourraient exister au travers des cafés, buvettes et autres locaux annexes des établissements. N'entreront également pas en ligne de compte les sorties de secours qui pourraient être établies sur le voisinage. Quant aux portes fermant les dégagements intérieurs de la salle, elles devront s'ouvrir dans la direction de l'issue la plus rapprochée sans pour cela gêner la circulation du public par leur saillie dans les couloirs, passages ou escaliers de dégagement.

Nous savons déjà que toutes les portes de dégagement doivent se signaler à l'attention du public non seulement par des indications mais par un éclairage permanent que le Préfet du Calvados, par exemple, exige indépendant de celui de la salle et de la cabine. La largeur des portes de sortie vers l'extérieur sera au minimum de 0 m. 80 pour cent personnes. La largeur de tous les dégagements généraux ne pourra être inférieure à 1 m. 50, soit 0 m. 60 par 100 spectateurs.

Les grandes salles d'exploitation peuvent comporter des étages et par conséquent des escaliers.

Les escaliers de dégagement devront être prolongés sans interruption jusqu'au niveau du sol inférieur; ils seront tous droits, sans quartier tournant; leur largeur sera d'au moins 1 m. 20 et on les munira d'une main courante.

Lorsque ces escaliers auront plus de vingt marches, on établira des paliers d'au moins 1 m. 20 de longueur; escaliers et paliers seront construits en dehors des couloirs et des chemins. Les portes ouvrant sur les escaliers auront devant elles un palier de longueur suffisante pour ne faire aucune saillie.

Dans les étages, les places seront desservies par

des chemins de circulation perpendiculaires aux rangs des sièges dont le nombre ne devra pas dépasser sept. Ces chemins auront au moins un mètre de large ; entre les rangées de sièges on laissera un passage libre de 0 m. 45 ; les sièges seront, pendant les représentations, fixés au sol.

Dans l'esprit du règlement, les strapontins sont destinés aux employés, non au public. Ils se relèveront automatiquement de façon à ne faire aucune saillie dans les chemins où ils sont placés en nombre déterminé. C'est dire que dans les chemins, vers les portes de dégagement, il n'est permis de placer aucune chaise, aucun objet mobiles.

Dispositions concernant l'électricité.

On trouvera dans l'*Annuaire Cinéma*, et dans le *Catéchisme de l'opérateur de cinéma*, le texte *in extenso* des règlements de police qui régissent le cinéma et les spectacles.

Lorsque la salle doit contenir moins de cinq cents personnes, la réception de l'installation électrique par le secteur suffira pour qu'une autorisation provisoire soit accordée. Mais chaque fois qu'un établissement recevra un courant à un potentiel entre fils supérieur à 220 volts, l'Administration prescrira des mesures spéciales après avis du service technique.

Les conducteurs concentriques sont interdits. Il ne pourra passer dans un câble plus de 2 ampères au maximum par millimètre carré de section; au-dessus de 6 ampères le câble devra avoir une section d'un millimètre carré par ampère. L'isolement des câbles sera aussi parfait que possible. On séparera d'au moins un centimètre les câbles de polarité différente et les fils devront être éloignés de toute pièce métallique d'au moins 10 centimètres. Une gaine de caoutchouc supplémentaire et une enveloppe de matière dure et incombustible recouvriront les conducteurs quand ceux-ci auront à traverser les murs, les planchers. La même gaine isolante supplémentaire recouvrira les câbles à leur croisement ou lorsqu'ils seront en contact de parties métalliques.

Lorsque le courant est emprunté au secteur, et même lorsque l'exploitant produit lui-même son électricité, les câbles d'amenée seront non seulement bien fixés sur des supports isolants, séparés les uns des autres, mais numérotés. Le tableau d'arrivée comportera un voltmètre et un ampèremètre. Il sera placé hors de la portée du public et on observera pour le montage des commutateurs et interrupteurs toutes précautions utiles (Cf. Steffen, *Electricité au cinématographe*).

En partant du tableau de distribution, chaque circuit est désigné par un chiffre apparent. Il est muni d'un interrupteur bi-polaire et d'un double coupe-circuit. On comptera un coupe-circuit bi-polaire par dérivation de lampes à incandescence et par 5 ampères. Chaque ligne d'arcs comportera un interrupteur double, un coupe-circuit sur chaque pôle et un rhéostat (Cf. E. Kress, *Les Lampes à arc*).

Les fusibles des circuits supportant un courant atteignant 10 ampères seront séparés par une cloison isolante.

Fils et câbles ne seront montés sur isolateurs que lorsqu'ils seront inaccessibles au public.

Lorsque l'exploitant ne dispose que du courant alternatif, il doit faire usage d'un transformateur redresseur de courant (Cf. Steffen, *Electricité au cinématographe*). Mais il a souvent à produire son courant lui-même soit au moyen de moteurs commandant par courroie la dynamo, soit au moyen de groupes électrogènes (Cf. Coustet, *Traité pratique de cinématographie*).

La Préfecture de police de Paris autorise la mise en place de ces appareils dans les sous-sols des établissements. — Le Préfet du Calvados veut au contraire que ces machines soient disposées en dehors de l'établissement.

Il est essentiel de rappeler ici quelles sont les dispositions de la loi du 12 juillet 1912 concernant les panneaux-réclame.

Toute personne qui veut établir des affiches dites panneaux-réclames, affiches-écrans, ou affiches sur portatif spécial, c'est-à-dire des affiches de toute nature imprimées, peintes ou constituées au moyen de tout autre procédé sur toute partie d'un immeuble bâti ou non, autre qu'un mur de maison ou de clôture et au delà d'un périmètre de 100 mètres, autour de toute agglomération de maisons ou de bâtiments, est tenue au préalable :

1° D'en faire la déclaration au bureau d'enregistrement dans la circonscription duquel se trouvent les communes où les affiches doivent être placées et, à Paris, à l'un des bureaux désignés à cet effet par l'administration de l'enregistrement; 2° D'acquitter la taxe établie par la loi du 12 juillet 1912.

La déclaration rédigée en double est datée et signée soit par les intéressés, soit par l'entrepreneur d'affichage.

Elle doit contenir les énonciations suivantes :

1° Texte de l'affiche;

2° Nom et domicile des intéressés;

3° Nom et domicile de l'entrepreneur d'affichage;

4° Dimensions du panneau, sa surface;

5° Le nombre des panneaux et la désignation des emplacements où ils doivent être disposés.

6° Le nombre d'années pour lequel les parties entendent, par un seul paiement, acquitter la taxe, ou la déclaration qu'elles veulent acquitter cette taxe par annuité, tant que subsistera le panneau.

Une déclaration particulière sera faite pour chaque affiche distincte et pour la circonscription de chaque bureau d'enregistrement. Un double de la déclaration reste au bureau de l'enregistrement; l'autre, revêtu de la quittance du receveur, est remis au déclarant. La taxe est due pour une année entière et l'année court pour chaque affiche du jour de la première déclaration. Si la déclaration ne fixe aucune durée, la taxe annuelle devient exigible dans les vingt jours qui suivront l'expiration de chaque année et la perception en est continuée d'année en année jusqu'à la déclaration de suppression d'affichage au bureau de l'enregistrement. En cas de cession de fonds de commerce, de changement d'adresse, de modifications apportées au nom ou à la raison sociale, une déclaration justifiée doit être faite au bureau de l'enregistrement, avant toute transformation, sans qu'il y ait à payer de nouveaux droits.

Toute affiche doit porter dans la partie inférieure à gauche l'indication en caractères apparents de la date et du numéro de la quittance de la taxe. Les afficheurs sont tenus d'avoir sur eux et de présenter à réquisition, au cours des travaux, la déclaration régulière ou son duplicata. Les affiches existant avant 1912 (11 juin) et venant à échéance avant le 1er juillet 1915 devront, dans les 20 jours de l'expiration du contrat ou dans les 20 premiers jours de juillet 1915, être l'objet d'une déclaration de maintien ou de suppression.

Les terrains qui doivent être, en vertu de la loi du 12 juillet 1912, cotisés à la contribution foncière, conformément aux dispositions de l'article Ier de la loi du 29 décembre 1884, peuvent être imposés au moyen de rôles particuliers dans les conditions prévues à l'article 10 de la loi du 8 août 1890.

A cette loi que tout exploitant doit connaître car elle fixe la procédure en ce qui concerne les panneaux qui, en ville, leur servent à afficher les programmes, il faut rattacher les décisions prises par le Préfet de la Seine en date de mai 1913 et applicables depuis le 1er juillet de ladite année. Il s'agit là des panneaux-réclames que les directeurs de cinémas ou de spectacles peuvent placer en bordure des trottoirs sur la voie publique.

Les tableaux-affiches ne pourront désormais, en aucun cas, avoir plus de un mètre de largeur sur 1 m. 20 de hauteur. Ils ne devront être utilisés que pour la publicité des spectacles et seulement dans le voisinage immédiat des établissements auxquels ils se rapportent. Ils devront être maintenus en parfait état de fraîcheur ou de propreté. Il est interdit de les attacher aux arbres, candélabres, bancs, ouvrages ou appareils situés sur la voie publique, conformément aux plans et ordres de service. Ils devront être enlevés tous les soirs à la fin du spectacle ou sur ordre émanant de l'autorité. Le dépôt de ces tableaux n'est donc que toléré et révocable sans indemnité. Ils sont frappés d'un droit, d'une redevance annuelle qui varie suivant les voies empruntées, mais toujours double de celle des étalages et des terrasses empruntant les mêmes trottoirs. La redevance est payable en totalité et d'avance, sur la base minima d'un mètre carré superficiel. Les autorisations dépendent du Préfet de la Seine.

Le syndicat de la cinématographie fit observer au Préfet de la Seine que le format des affiches de cinéma était pratiquement 1 m. 20 sur 1 m. 60 de haut, correspondant au timbre de 0 fr. 24 c. Mais le Préfet refusa de se rendre aux raisons invoquées.

Puisque nous nous occupons des affiches, nous devons ajouter qu'à partir du 1er janvier 1914 est entrée en vigueur la loi du 31 juillet 1913 venant compléter celle que nous avons indiquée tout d'abord. Cette loi se résume en ce fait que le prix du timbre est doublé.

Les affiches doivent être imprimées sur papier de couleur ou, sur papier blanc, avec une encre de couleur autre que le noir. Les taxes sont les suivantes :

Six centimes par feuille de 12 décimètres carrés (*1/4* colombier).

Douze centimes par feuille jusqu'à 25 décimètres carrés (*1/2* colombier).

Dix-huit centimes par feuille jusqu'à 50 décimètres carrés (colombier).

Vingt-quatre centimes par feuille jusqu'à deux mètres carrés.

Au-dessus de cette dimension, douze centimes en plus par fraction de mètre carré.

Lorsqu'une bande vient modifier l'affiche, il n'y a pas de taxe supplémentaire si la bande a été placée avant l'apposition de l'affiche. Le timbre doit être alors collé en partie sur l'affiche, en partie sur la bande et la taxe correspond à la surface totale couverte. Mais si la bande est collée après l'apposition de l'affiche elle est passible d'un deuxième droit de timbre, le même que celui de l'affiche. *Si l'affiche contient plus de cinq annonces distinctes, le droit est doublé.* Pourtant sont affranchis du droit de timbre (comme du reste les affiches émanant d'associations faisant le placement gratuit ou de candidats en périodes électorales), les panneaux apposés sur les murs ou dans les dépendances de la maison où se fait le commerce, où se donne le spectacle, ou placés à l'intérieur de ces établissements. Les timbres devront être oblitérés sur les affiches au moyen d'une griffe de raison sociale à l'encre grasse.

Les affiches ayant subi une préparation quelconque en vue d'en assurer la durée, qu'elles soient protégées par le verre, par un vernis, par une substance quelconque seront doublement taxées quand elles seront exposées dans un lieu public (cafés, salles de spectacle, gares, abris d'omnibus). Les affiches apposées sur une voiture de livraison sont considérées comme enseignes et, par conséquent, ne sont pas soumises au droit de timbre.

Pourtant les enseignes, les projections lumineuses ayant trait à la publicité paient un droit annuel de 100 fr. par mètre carré ou par fraction de métre carré. Il est certain que cette taxe sera, surtout à Paris, l'objet de surtaxes municipales.

Les Exploitants peuvent avoir chez eux des *distributeurs automatiques*. Ces distributeurs, comme les vélocipèdes, etc., doivent porter une plaque de contrôle (Article V de la loi du 24 décembre 1910) dont le modèle a été determiné par un arrêté ministériel en date du 7 juin 1913. La plaque doit être fixée par le propriétaire, l'exploitant ou le dépositaire de l'appareil sur le devant de celui-ci et en un endroit très apparent.

Devis d'Appareillage.

Ce n'est point notre rôle de préconiser tel ou tel appareil. Les constructeurs rivalisent d'efforts soutenus et la concurrence a produit, en cinématographie, les meilleurs résultats.

Néanmoins nous engageons ceux de nos lecteurs qui, disposant d'une salle ou d'un terrain, veulent faire choix d'un projecteur, à adresser aux constructeurs les renseignements suivants :

1° *La Salle :*

Longueur suivant l'axe qui passe par le centre de l'écran.

Largeur prise à la hauteur de l'écran.

Dimensions de l'écran.

Indiquer si la projection doit être faite par réflexion ou par transparence et si l'écran doit être ou non fixe.

2° *Electricité :*

Mode de production (groupe électrogène, secteur, etc.).

Courant continu { Voltage ou tension.
Ampérage ou intensité.

Courant alternatif	Monophasé	Voltage. Périodicité.
	Triphasé	Voltage. Ampérage. Périodicité.

3° *Autres éclairages :*

Oxy-acétylénique, produit par gazogène ou acétylène dissous.

Oxhydrique avec hydrogène ou gaz d'éclairage.

Oxy-essence.

Oxy-éthérique.

On se souviendra que les objectifs *long foyer* sont utilisés pour la projection par *réflexion* et les objectifs *court foyer*, pour la projection par *transparence*, quand on ne dispose pas, toutefois, d'un recul suffisant.

Nous avons fait connaissance avec les règlements que doit étudier quiconque veut tenter la fortune au cinématographe. Nous avons insisté sur l'éclairage électrique, le plus habituel quand il n'est pas obligatoire. Mais, dans certains départements, l'usage de sources de lumière à combustion (oxhydrique, oxy-essence, oxy-acétylénique, oxy-alcoolique, oxy-éthérique) est autorisé et on fera bien de consulter à cet égard le *Traité pratique de cinématographie,* de E. Coustet.

Différents autres problèmes qui devront intéresser celui qui veut ouvrir un Cinéma, font l'objet du Volume n° 2 de la série Rose de la Bibliothèque générale de Cinématographie, Charles-Mendel éditeur. Il a pour titre : *Comment on installe et administre un Cinéma.*

Dans ce volume nous avons traité successivement : la façade, l'intérieur de la salle, la cabine de projection ; enfin nous avons réuni sous le titre Administration, ce qui concerne la publicité, la comptabilité, le budget d'un cinéma.

LA ROCHE-SUR-YON. — IMPRIMERIE CENTRALE DE L'OUEST

CLERC (L.-P.). **La Photographie Pratique.** Traité complet résumant toutes les connaissances théoriques et pratiques indispensables à l'Amateur qui veut faire de bonnes photographies et se perfectionner rapidement dans cet art. 1 vol. broché in-8 raisin de 320 pages illustré à profusion de gravures originales. . . . . fr. **3 50**

CLERC (L.-P.). **La Chimie du Photographe.** 1 vol. fr. **1 50**
Notions générales de chimie photographique.

CHAPLOT. **La Photographie Récréative et fantaisiste.** Trucs, ficelles, procédés, tours de main, photographie amusante. Récréations photographiques. Un beau volume très abondamment illustré fr. **6 »**

CLÉMENT (A.-L.). **La Photomicrographie.** 1 vol. avec 95 fig. dessinées par l'auteur . . . . fr. **2 »**

COUPIN (H.) Doct. ès-scienc. **Ce qu'on peut voir avec un petit Microscope.** 1 vol. in-16 de 120 p. avec 10 pl. renfermant 263 fig. dessinées d'après nature par l'auteur. fr. **2 »**

COUSIN (P.). **Annuaire-Manuel de la documentation photographique** publié sous les auspices de la Commission d'organisation du Congrès de la Documentation tenu à Marseille, sous la présidence de M. le Général Sébert. 1 vol. in-8° raisin de 224 pages . . . . fr. **5 »**

DARNÉ (R.-A.). **Les Procédés aux sels de chrôme,** 1 vol. 80 pages in-16 . . . . fr. **2 »**
Dans cette brochure l'amateur trouvera le moyen, à l'aide d'un sel unique, peu coûteux, facile à trouver seul ou associé à d'autres produits d'usage courant, d'affaiblir, renforcer, améliorer ses clichés, ses épreuves, d'aborder des procédés reconnus partout comme étant les meilleurs et les plus intéressants.

DELAMARRE (ACH.) **Le Laboratoire de l'Amateur.** — Installation et organisation du Laboratoire, éclairage, lavage, classement des clichés, etc. . . . . fr. **1 25**

DELAMARRE (ACHILLE). **Les Agrandissements d'Amateur.** 144 p. 1 vol. in-16 illustré de 26 fig. . . . . fr. **2 »**

DELAMARRE (ACH.). **Les Agrandissements à la lumière artificielle,** 1 vol. in-16 de 112 pages, illustré de nombreuses figures . fr. **2 »**

DELAMARRE (ACHILLE). **La Photographie Panoramique.** 1 vol. in-16 de 70 pages . . . . fr. **1 25**

DESORMES et BASILE. **Dictionnaire des Arts Graphiques.** 2 forts vol. in-12 de 400 pages chacun. . . . . fr. **6 »**

DONNADIEU (A.-L.). **Le Gélatino-Bromure.** 1 vol. broch. fr. **1 »**

DONNADIEU (A.-L). **La Photographie animée.** 1 vol. fr. **1 »**

DONNADIEU (A.-L.) **La Reproduction photographique des objets de petite dimension** (Photographie par immersion). Exposé, discussion et pratique d'un procédé donnant des résultats incomparables pour la photographie des objets brillants, objets d'art, monnaies, médailles, des pièces d'anatomie, etc. — Un fort volume in-8, avec gravures dans le texte et hors texte et 8 planches spécimen de l'auteur reproduites au gélatino-bromure . . . . fr. **6 »**

DORMOY (LÉON). **La Photominiature.** 3e édition, 1 vol. **1** »
Procédé de peinture des photographies donnant des résultats comparables aux plus belles miniatures et pouvant être pratiqué par les personnes qui ne savent ni peindre ni dessiner.

DROUIN (FÉLIX). **La Ferrotypie.** — Obtention des positifs directs à la chambre noire. 3e édition, 1 vol. in-16 . . . . fr. **1** »

DUCOS DU HAURON (L.). **La Photographie indirecte des couleurs.** 1 vol. in-16 de 60 pages avec 2 planches hors texte . . . . . . fr. **1 25**

EMERY (H.). **Le Développement du Cliché photographique.** Étude raisonnée des principaux révélateurs employés en photographie, 1 vol. in-16 jésus de 144 pages, avec 12 planches en phototypogravure . . . . fr. **3** »

EMERY (H.). **Manuel pratique de Platinotypie.** 1 vol. broché, avec 2 planches. . . . . fr. **2** »

FINOT (J.). **La Photographie transcendantale.** Les esprits graves et les esprits trompeurs. 1 vol. in-16 de 45 p. broché avec 25 gravures et reproductions . . . . fr. **1** »

FISCH (A.). **Traité pratique des Impressions Photo-Mécaniques :**

Première partie. — La **Photolithographie,** 1 vol. grand in-8o de 90 pages avec planche en photolithographie. . . . . fr. **2 50**

Deuxième partie. — La **Photoglyptographie,** 1 vol. grand in-8o de 45 pages avec planche. . . . . fr. **2 50**

M. A. FISCH a écrit ses livres comme il a exécuté ses travaux : avec la même patience, la même conscience et la même logique. Son traité est très déductif, il initie à tous les genres d'impression photomecaniques et, dans chaque genre, à tous les procédés, nous en donnant toujours le *pourquoi,* nous décrivant complaisamment les *tours de main* qu'il a pratiqués et qui lui ont réussi.

FISCH (A.). **Nouveaux Procédés de Reproductions Industrielles,** avec ou sans teintes modelées au moyen des sels d'argent, de platine, d'urane, de cuivre, de dessins, plans, gravures, portraits, vues, monuments, etc. 1 vol. in-16 de 140 pages . . . . fr **2 50**

FISCH (A.). **La Photocopie,** ou procédés de reproductions industrielles par la lumière d'une façon rapide et économique des dessins, plans, cartes, gravures, esquisses, écritures et de tout tracé quelconque 2e édition, 1 vol. in-16 de 70 p. avec 2 planches hors texte . . fr. **2** »

FRŒLICHER. (Le Capitne). **Physique Photographique,** Etude des phénomènes d'ordre physique qui se produisent au cours des opérations photographiques, depuis le moment où la lumière arrive sur la plaque jusqu'à celui où l'épreuve positive est terminée. 1 vol. broché avec gravures. fr. **3** »

GAILLARD (CH.) **Photographie au Charbon** (Traité pratique de) suivi des Agrandissements. 1 vol. broché, avec gravures . . fr. **2** »

GANICHOT (PAUL). **Traité théorique et pratique de la Retouche des Epreuves Négatives et Positives.** 5e édition revue et augmentée. 1 vol. in-16 de 124 pages . . . . fr. **1** »

GANICHOT (PAUL). **Traité élémentaire de Chimie photographique.** Description raisonnée des diverses opérations photographiques. Développements, fixage, virages, renforcements, etc., 2e édition revue et augmentée. 1 vol. in-16 de 96 pages . . . . fr. **1** »

GANICHOT (PAUL). **Traité pratique de la Préparation des Produits photographiques**. Etude et composition de tous les bains. Formules et préparations en usage dans les procédés négatifs et positifs. Traitement des résidus, etc. 2e édition revue et augmentée. 1 vol. in-16 de 120 pages . . . . fr. **2 »**

GAUTIER (G.E.-M). **La Représentation artistique des Animaux**. Application pratique et théorique de la photographie des animaux domestiques, particulièrement du cheval, arrêté et en mouvement. 1 fort vol. in-12, de 320 pages contenant 4 pl. hors texte . . . . . fr. **5 »**

GIARD (EMILE). **Le Livre d'Or de la Photographie**. Nouvelle édition des *Lettres sur la Photographie*, ouvrage de grand luxe formant un traité complet de la Photographie et contenant de magnifiques portraits et 150 compositions originales de SCOTT, BERTHAULT, THIRIAT, MORENO et PARIS et une grande planche en phototypie. 1 volume in-4° écu de 400 pages. . . . . fr. **3 50**

GUICHARD (P.). **La Photographie sous-marine**. 1 vol. in-8 raisin de 78 pages, ill. de 9 gravures et planches hors texte. fr. **3 »**

HÉLIÉCOURT (RENÉ D'). **La Photographie vitrifiée mise à la portée des Amateurs**. Procédés complets pour l'exécution, la mise en couleur et la cuisson des émaux photographiques, miniatures, céramiques, vitraux. 1 vol. in-16 de 190 pages avec 40 fig. . . . . fr. **3 »**

HOLM (Docteur). **L'Objectif au service de la Photographie**. Traduit de l'allemand, revu et corrigé, avec 62 figures dans le texte et 64 planches hors texte. — 1 volume de 136 pages . . . . fr. **3 50**

JARSON (A.). **La Photographie astronomique et les Observations astronomiques à la portée de tous**. 1 volume in-16 de 56 pages avec figures explicatives . . . . fr. **1 25**

JOUAN (P.). **Formulaire photographique**. Recueil de recettes, procédés, formules d'usage courant en photographie, 3e édition revue et augmentée. 1 vol. in-16 . . . . fr. **1 »**

KIESLING. **La Manipulation des Pellicules**, traduit de l'allemand par Lobel. — Connaissances indispensables pour l'emploi et le traitement des pellicules. — Un volume broché avec 34 figures. fr. **1 25**

KLATT. **Dictionnaire allemand-français des mots techniques usités en Photographie** . . . . fr. **1.25**

LAUSSEDAT (Colonel). **Pratique de la Métrophotographie**, accompagnée d'exemples et illustrations propres à en faire apprécier les avantages (série d'articles publiés dans la « Revue des Sciences Photographiques »). La collection des numéros contenant ces articles . . . . fr. **2 »**

LEGROS (Commt). **La Focimétrie photogrammétrique**, (série d'articles publiés dans la « Revue des Sciences Photographiques »). — La collection des numéros contenant ces articles. . . . . fr. **6 »**

LE MÉE, enseigne de vaisseau. **La Photographie dans la Navigation et aux Colonies**. Ouvrage spécialement destiné aux navigateurs, aux explorateurs, aux officiers de l'armée coloniale. — Un vol. in-16 de 140 pages avec gravures. . . . . fr. **2 50**

LONDE (ALBERT) **Album de Photographies documentaires à l'usage des artistes.** — Choix de 96 poses, plus spécialement d'animaux, formant 16 planches en simili-gravure, avec une table explicative et introduction . . . . fr. **3** »

MALLEVAL (JULES). **Causeries Photographiques.** Conseils aux amateurs. 1 vol. broché . . . . fr. **1 25**

MARTIN-SABON. **La Photographie des Monuments et des Œuvres d'Art.** Un volume illustré de nombreuses gravures, avec 24 planches hors texte. . . . . fr. **10** »

MATHET (L.). **Chimie Photographique** (Traité général de) C'est l'ouvrage le plus complet paru jusqu'à ce jour sur la matière.
1er volume : Théorie des procédés photographiques . . . . . fr. **8** »
2e — Monographie de tous les produits employés . . . fr. **12** »

MATHET (L.), chimiste. **Les Insuccès dans les divers Procédés photographiques** :

Première partie. — **Procédés négatifs.** — Insuccès provenant du matériel, de la nature de l'éclairage du laboratoire, de la mauvaise qualité des préparations sensibles et des produits. Insuccès se produisant pendant les opérations du développement, du fixage, du renforcement, du vernissage, etc. 1 vol. in-12, de 165 pages . . . . fr. **1 50**

Deuxième partie. — **Epreuves positives.** — Insuccès provenant du bain d'argent sensibilisateur, du tirage, du virage, du fixage, du lavage, du satinage, de l'émaillage, du papier au charbon et des positives sur verre pour vitraux et projections. 1 vol. in-12, de 140 pages . . . . . fr. **1 50**

MATHET (L.). **Le Microscope et son application à la Photographie des infiniment petits.** (Traité pratique de photomicrographie). 1 vol. in-16 de 260 pages illustré de nombreuses gravures et planches hors texte . . . . fr. **4 50**

MATHET (L.) **Sur la reproduction des objets difficiles par la microphotographie** (série d'articles publiés dans la « Revue des Sciences Photographiques »). — La collection des cinq numéros contenant ces articles. . . . . fr. **5** »

MATHET (L.), chimiste. **La Photographie durant l'hiver.** — Effets de neige, photographie à l'intérieur, diapositives, reproductions, agrandissements, projections, travaux divers, etc., etc. 1 fort vol. de 320 pages . . . . fr. **3 50**

MAZEL (A.) **La Photographie artistique en Montagne.** 1 vol. broché in-8o raisin de 200 p. avec gravures et 14 planches hors texte, d'après les clichés originaux de l'auteur . . . . fr. **6** »

MÉNARD (CYRILLE). — **Conférences sur la Photographie.** (V. plus loin)

MÉNÉTRAT (Georges), Ingén. E.P.C. **Etude élémentaire de l'Objectif,** des Chambres et des Obturateurs photographiques. Un volume broché de 154 pages, avec diagrammes et figures explicatives . . . . fr. **3** »

MULLIN (A.), professeur. **Traité élémentaire d'Optique photographique.** 1 fort vol. in-8o de 350 pages avec 190 figures. . . . . fr. **10** »

Dans la première partie, qui est consacrée à l'*Optique instrumentale*, l'auteur étudie les lois de la propagation de la lumière, les modifications qu'elle subit en traversant des milieux différents ; il explique le phénomène de la vision ; enfin il expose la théorie des premiers instruments d'optique : loupe, microscope, lunette de Galilée, etc.

La deuxième partie est réservée à l'*Optique photographique*.

NIEWENGLOWSKI (G.-H.). **Dictionnaire photographique**, donnant tous les termes employés en photographie, avec explication précise et détaillée. 1 vol. in-12 de 230 p., illustré de nombreuses gravures. fr. **3 »**

PINSARD (JULES). **L'Illustration du Livre moderne et la Photographie**, avec préface de Victor BRETON, Officier d'Académie, professeur technique à l'Ecole Estienne, de Paris. Grand in-8° (20 × 29) sur beau papier américain et en édition de grand luxe. . . . . fr. **20 »**

PITOIS. **Les Objectifs modernes**. — Un volume broché avec figures explicatives et planches hors texte. . . . . . . fr. **2 »**

POULENC (CAMILLE). **Les Produits chimiques purs en Photographie**. Leur nécessité, leur emploi, leur contrôle. — Un volume in-16 de 160 pages . . . . fr. **2 50**

PUYO (C.). **Le Procédé à l'Huile**, nouvelle édition revue et augmentée. 1 vol. de 96 pages in-16 avec exemples démonstratifs formant 6 planches hors texte sur papier au bromure. . . . . . . fr. **3 »**

QUÉNISSET (F.) **Applications de la Photographie à la Physique et à la Météorologie**. — 1 volume avec 26 gravures. fr **1 25**

QUÉNISSET (F.). **La Photographie Astronomique** (Manuel pratique de). — Un vol. broché avec figures. . . . . fr. **2 »**

QUENTIN (H.). **Comment on obtient une Photographie en Couleurs** : Procédés trichromes, Méthodes par réseaux polychromes, Procédé par dispersion spectrale. Une broch. de 72 pages avec figures . **0 75**

QUENTIN (H.). **Du choix d'un Objectif**. Une brochure de 48 pages avec nombreuses figures . . . . fr. **0 75**

QUENTIN (H.) **Le Procédé ozotype**. Manuel pratique pour l'obtention d'épreuves au charbon, sans transfert et sans photomètre 1 vol. broché. . . . . fr. **1 »**

QUENTIN (H.). **La Téléphotographie** (Emploi du télé-objectif). — 1 vol. in-16 de 80 pages avec nombreuses figures . . . . fr. **2 »**

REISS, docteur. **La Photographie Judiciaire**. 1 vol. in-8° raisin avec 77 reproductions en simili-gravure et 6 planches hors texte au gélatino-bromure. . . . . fr. **16 »**

REYNER (ALBERT). **Manuel du Reporter photographe et de l'Amateur d'instantanés**. Un volume broché . . . . fr. **2 »**

REYNER (ALBERT). **Le Portrait et les Groupes en plein air**. — 1 vol. in-16 de 136 pages avec figures et planche spécimen . . . fr. **2 »**

RHEINBERG (E. et J.) **Le Procédé de Photographie des couleurs par dispersion prismatique**.— Un volume 19×27 avec figures fr. **3 50**

RIS-PAQUOT. **Manuel pratique de Photographie à la lumière artificielle**. 1 vol. avec gravures . . . . fr. **2 »**

RIS-PAQUOT. **Traite pratique de Phototypie à l'usage des Photographes et Amateurs** — Un beau volume 16×25 de 250 pages avec 21 planches et vignettes en phototypie. . . . . fr. **6 »**

RIS-PAQUOT. **Les Agrandissements sans Lanterne** et leur mise en couleur aux pastels tendres et durs sans savoir ni dessiner ni peindre. 1 vol. in-16 de 66 pages avec fig. et 2 pl. hors texte . . fr. **1 25**

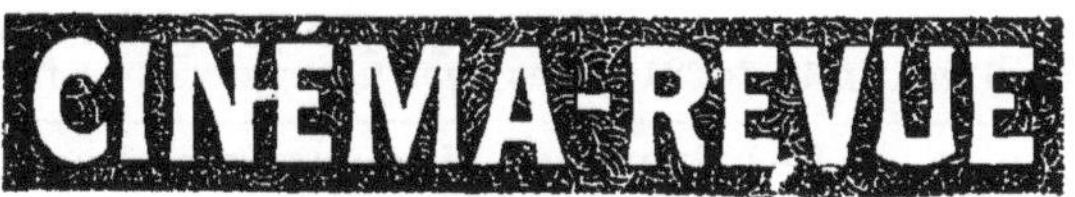
CINÉMA-REVUE

RIS-PAQUOT. **Les Clichés sur zinc en demi-teintes et au trait** s'imprimant typographiquement, moyen simple et pratique pour les amateurs de les obtenir. 1 vol. in-16 de 80 pages . . . . . . fr. **2 »**

RIS-PAQUOT. **Trucs et Ficelles d'atelier**, pour donner aux épreuves un cachet artistique et les rendre propres à l'illustration. Un vol. broché avec figures et planches . . . . fr. **1 25**

ROUSSEAU. **Notes pratiques d'Electricité à l'usage des Projectionnistes**. Un volume broché . . . . fr. **2 »**

SANTINI (E.-N). **Les Couleurs réelles en Photographie**. Historique et discussion des procédés actuels d'après les travaux de MM. CH. CROS, DUCOS DU HAURON, LIPPMANN, etc. Avec figures dans le texte et un portrait avec autographe de M. DUCOS DU HAURON. 1 vol. in-16 de 104 pages. . . . . fr. **1 »**

SANTINI (E.-N.). **La Photographie des Effluves humains**. 1 vol.in-8° de 130 p. illustré de nombreuses reproductions . . . fr. **3 50**

Dans la *première partie* l'auteur passe en revue les diverses hypothèses relatives à l'existence et à la manifestation du fluide dépendant de la *force psychique*.

La *deuxième partie* vise plus particulièrement le côté expérimental de la question : photographie de l'od, des effluves digitaux, thermiques, humains.

SANTINI (E.-N.). **La Photographie devant les Tribunaux** 1 vol. in-16 de 140 pages . . . . fr. **2 »**

Recueil des Jugements et Arrêts intéressant les Photographes.

SAUVEL (EDOUARD), ancien avocat au conseil d'Etat et à la Cour de Cassation. **Etudes de Droit sur la Photographie**. Un volume in-16 de 72 pages . . . . fr. **1 50**

STOCKHAMMER. **La Stéréoscopie rationnelle**. Deuxième édition, revue et augmentée. — Un beau volume de 124 pages, format 21×27, comportant 128 figures explicatives et 7 planches hors texte en simili-gravure . . . . fr. **6 »**

TRANCHANT (L.). **Microphotographie simplifiée** (Petit Traité de). 1 vol. av. fig. explic. et reproductions en photogravure.. . fr. **1 »**

TRUTAT (EUG.). **Le Cliché photographique :** Choix du sujet, pose, manipulations. 1 vol. in-16 de 284 pages avec figures . . . fr. **3 50**

TRUTAT (EUG.). **Les Procédés pigmentaires**. 1 vol. broché de 72 pages. . . . . fr. **1 25**

TRUTAT (EUG). **Les Papiers photographiques positifs par développement**. 1 vol. broché avec figures. . . . . fr. **2 50**

TRUTAT (EUG.). **Traité Général des Projections. —** Tome I — Description des appareils. — Divers modes d'éclairage. — Confection des positifs. — Epreuves mouvementées. — La leçon à l'école, au lycée, à la Faculté. — Conférences scientifiques, géographiques, humoristiques. — Disposition de la salle, etc. etc. 1 vol. grand in-8° de 400 p. illustré de 185 gravures. . . . . fr. **7 50**

Tome II. — Projections Scientifiques, Applications à l'Histoire Naturelle, à la Météorologie, à l'Astronomie, à la Chimie, à la Physique. 1 vol. in-8° de 280 pages, avec 137 figures et 1 planche hors texte . . . . . fr. **4 50**

VALLOT (CHARLES). **La Photographie documentaire** dans les excursions et les voyages d'études Un volume avec 8 planches hors texte sur papier au gélatino-bromure. . . . . fr. **3 »**

VARIGNY (HENRI de). **Les Animaux photographiés chez eux,** (série d'articles publiés dans « Photo-Magazine »). La collection des cinq numéros contenant ces articles . . . . fr. **1 25**

VERAX (CH.) **Vocabulaire français-esperanto technologique des termes employés en Photographie** et dans ses rapports avec la chimie, la physique et la mécanique. (Edition corrigée). Une brochure de 48 pages . . . . fr. **0 75**

VERKS (KARLO). **Elementa Fotografa optiko** (Traité élémentaire d'optique photographique, publié en Esperanto). Une brochure de 80 pages, avec figures et lexique esperanto-français . . . . . . fr. **1 25**

VIDAL (LÉON). **La Photographie des Couleurs,** par impressions pigmentaires superposées. Une brochure in-8 raisin de 32 pages. Prix . . . . fr. **1 25**

VOIRIN (J.) **Manuel pratique de Phototypie.** Manuel pratique à l'usage des amateurs et des praticiens. 2me édition revue et complétée. 1 vol. de 104 pages avec nombreuses gravures et deux phototypies hors texte . . . . fr. **2 »**

OUVRAGES ILLUSTRÉS

par la Photographie d'après nature

BRÉBISSON (R. DE). **Souvenirs d'un Amateur-Photographe** (1839-1872) réunis et mis en ordre. Une brochure de 76 pages 25×18 avec planches, reproductions et autographes . . . . fr. **3 50**

CLARETIE (JULES). **Mariage Manqué.** 1 vol. in-8o de 26 p. illustré par la photographie d'après nature . . . . fr. **6 »**
Tirage à 500 exemplaires numérotés.

DAUDET (ALPHONSE). **L'Elixir du Révérend Père Gaucher.** Texte de A. DAUDET, illustration photographique d'après nature de H. MAGRON.
Il a été tiré de cet ouvrage :
400 exemplaires imprimés sur papier vergé à la cuve numérotés fr. **25 »**

GRUYER (PAUL). **Victor Hugo photographe.** Bel album grand format (25×33) de 48 planches photographiques de pleine page, avec texte et encadrements en deux couleurs . . . . fr. **6 »**

LECLERC (ÉMILE) **Croquis Parisiens.** Une jolie plaquette sur beau papier avec 46 illustrations phototypiques de Grossberger. fr. **3 50**

Les Maîtres de la Photographie, album 25×32, avec illustrations originales de BERGON, BUCQUET, DEMACHY, LE BÈGUE, LEMOINE, PUYO. . . . . fr. **5 »**

AIDE-MÉMOIRE DU PHOTOGRAPHE

Résumant toutes les connaissances utiles au photographe et à l'amateur.
Par G. MÉNÉTRAT, Ing. E. P. C.

L'ouvrage complet forme 8 fascicules . . . . *chaque* **0.75**

1° Documents mathématiques, physiques, chimiques.
2° Optique photographique.
3° Chambres — Obturateurs — Orthochromatisme — Antihalo — Pellicules — Accessoires.
4° Phototypes négatifs (plaques)
5° Phototypes positifs (papiers).
6° Diapositifs — Procédés spéciaux — Photographie des couleurs.
7° Applications de la photographie.
8° Photographie industrielle — Formulaire.

L'ouvrage complet (8 volumes . . . . 6 fr.

CONFÉRENCES SUR LA PHOTOGRAPHIE

Formant un traité complet à l'usage des débutants.
Par Cyrille MÉNARD, Professeur et Conférencier.

Première conférence. — Les Origines et les Progrès de la Photographie. — Une brochure de 32 pages . . . . fr. **0 60**

Deuxième conférence. — L'Outillage et le Matériel photographiques. — Une brochure de 32 pages . . . . fr. **0 60**

Troisième conférence. — L'image négative (préparation, développement et toilette du cliché. — Une brochure de 32 pages. . . . . fr. **0 60**

Quatrième conférence. — L'Image positive (Tirage, agrandissement, montage). — Une brochure de 32 pages . . . . fr. **0 60**

Cinquième conférence. — Les tirages artistiques (charbon, gomme, ozobrome, huile). — Une brochure de 32 pages . . . . fr. **0 60**

☞ Ces Conférences ont été écrites spécialement pour être lues en séance publique ou servir de canevas aux personnes qui désirent faire un cours ou des conférences sur la photographie.

PHOTO-GUIDES

du Touriste aux Environs de Paris, par J. BERTOT

4 volumes illustrés de 400 dessins, par Conrad, et de 12 cartes et plans dressés sous la direction de l'auteur, indiquant les principaux sites à photographier et donnant à l'amateur toutes indications utiles pour ses excursions.

1er vol. **Seine.**
2e — **Seine-et-Oise.**
3e vol. **Seine-et-Marne.**
4e — **Grande Banlieue.**

Prix de chaque volume élégamment relié . . . . fr. **2 50**

BIBLIOTHÈQUE DE LA PHOTO-REVUE

comportant actuellement 60 volumes à **0.60**

Demander le prospectus spécial

PARAIT TOUS LES ANS

AGENDA DU PHOTOGRAPHE

Contenant, en dehors de ce qui constitue tout Agenda :

Un Formulaire aide-mémoire, des Pages blanches réglées spécialement pour le classement des clichés, inscription de formules, etc. ; des Anecdotes, Contes, Illustrations, etc., ayant trait à la Photographie et quantité de renseignements utiles ;

SUIVI DU

"TOUT-PHOTO"

Annuaire des Amateurs de Photographie

Cet Annuaire a été créé en vue de former un trait d'union entre les Amateurs de Photographie du monde entier, de leur permettre de correspondre entre eux, de se faire des propositions d'échanges d'épreuves ou autres, de se rendre, soit au cours de leurs voyages, soit en toutes autres occasions, les services que se doivent réciproquement des personnes ayant les mêmes goûts, les mêmes aptitudes et, par suite, les mêmes besoins.

Pour figurer dans cet Annuaire qui, à l'heure actuelle, comporte une liste des Amateurs jugés les plus compétents du monde entier et comprenant **dix mille** noms, il suffit d'adresser **UN franc** à **CHARLES-MENDEL**, 118, rue d'Assas, à Paris.

En outre des avantages dont il est question ci-dessus, l'inscription dans cette liste donne à l'Amateur la certitude de recevoir les prospectus, catalogues, annonces de nouveautés des Fabricants, car ces derniers, en France tout au moins, s'en servent d'une façon régulière pour leurs envois de publicité.

Moyennant l'envoi de 2 fr. 50 à toute époque de l'année on peut donc :

1o S'assurer l'inscription de ses nom et adresse dans la liste des Amateurs ;

2o Recevoir franco à domicile l'Edition comportant cette inscription.

L'AGENDA paraît chaque année pour le 1er Janvier

PUBLICATIONS PÉRIODIQUES

AGENDA DU PHOTOGRAPHE ET DE L'AMATEUR. 1 vol. in-8° jésus de 300 p. illustré de nombreuses gravures. Prix **1** fr.; franco **1** fr. **50**

L'Agenda CHARLES-MENDEL paraît régulièrement tous les ans depuis 1895. Il est attendu chaque année avec impatience par les amateurs photographes, qui s'en disputent les éditions. Il contient tous les ans de nombreux renseignements photographiques, un formulaire, une partie scientifique, une partie littéraire et artistique très goûtée par les lecteurs.

RÉPERTOIRE GÉNÉRAL DES MARQUES ET SPÉCIALITÉS Photographiques et Cinématographiques, contenant classés par ordre alphabétique, les noms et marques donnés aux appareils, accessoires et produits photographiques ou cinématographiques, tant en France qu'à l'Etranger, avec indication de la maison qui les fabrique ou les fournit. — Un volume broché (24×16) de 112 pages . . . . fr. **3 50**

PHOTO-REVUE journal des Amateurs et des Photographes, *paraissant le dimanche.* — En vente chez tous les Libraires et dans les Gares.

Le numéro	fr.	**0 15**
L'abonnement annuel. France et ses Colonies	fr.	**8** »
— — Union postale.	fr.	**10** »

Collections complètes de la *Photo-Revue* :

Du 15 avril 1893 au 15 avril 1895 (34 numéros)	fr.	**5** »
— 15 — 1895 au 15 — 1896 (24 —	fr.	**3 50**
— 15 — 1896 au 15 — 1897 (24 —	fr.	**3 50**
— 15 — 1897 au 15 — 1898 (24 —	fr.	**3 50**
— 15 — 1898 au 15 — 1899 (24 —	fr.	**3 50**
— 15 — 1899 au 15 — 1900 (24 —	fr.	**3 50**
— 15 — 1900 au 1er janv 1901 (38 —	fr.	**4 50**
— 1er janv. 1901 au 1er — 1902 (52 —	fr.	**6** »
Chacune des années suivantes.	fr.	**6** »

PHOTO-MAGAZINE **Edition de Luxe de la PHOTO-REVUE,** paraissant le même jour que l'édition ordinaire.

L'abonnement annuel. France et ses Colonies	fr.	**12** »
— — Union postale	fr.	**15** »

Cette publication, imprimée avec soin sur beau papier, comporte, outre les matières contenues dans la **Photo-Revue**, un supplément de huit pages avec illustrations.

Elle s'adresse plus particulièrement aux amateurs qui s'intéressent à tout ce qui touche aux diverses applications photographiques et notamment à l'illustration directe par la photographie d'après nature.

Collections complètes de *Photo-Magazine* :

Du 1er juillet 1904 au 1er janvier 1905.	fr.	**6** »
Du 1er janvier 1905 au 1er — 1906.	fr.	**12** »
Chacune des années suivantes	fr.	**12** »

REVUE ILLUSTRÉE DE PHOTOGRAPHIE, donnant sous forme de fascicules *mensuels* tout ce qui constitue l'édition complète de luxe de la *Photo-Revue*, sauf la partie *Boîte aux lettres*, *Nouveautés*, *Annonces*.

Abonnement : { France et ses Colonies . . . . . fr. **8** par an.
Union postale. . . . . fr. **10** —

REVUE DES SCIENCES PHOTOGRAPHIQUES, Revue mensuelle paraissant depuis 1906.

Abonnements, France et Colonies, **6** fr. ; Étranger, **8** fr.

" **CINEMA-REVUE** ", Journal Indépendant d'informations cinématographiques.

Abonnement : **3** fr. – Etranger : **3.75**

"**TOUT-PHOTO**" Annuaire des amateurs de photographie, est contenu dans l'*Agenda du Photographe* (Voir p. 12.).

" **CINÉMA** " **Annuaire de la projection Fixe et Animée.** — Un fort vol. de 400 pages environ au format 16×25. Prix **6.25**.

Par souscription. **3.75**

VENTE A CRÉDIT DES COLLECTIONS

Dans le but de faciliter à MM. les amateurs désireux de les posséder l'acquisition des *Collections de nos Publications*, nous accordons pour l'achat desdites collections, les facilités de paiement ci-après :

I. — La collection complète de la **PHOTO-REVUE** est livrée franco en France à réception d'un premier versement d'*un dixième*, le reste étant payable en *neuf trimestres*.

II. — La collection complète de **PHOTO-MAGAZINE** est livrée franco en France à réception d'un premier versement d'*un sixième*, le reste étant payable en *cinq trimestres*.

LA **PARAIT TOUS LES MOIS**

PHOTOGRAPHIE

Revue des Sciences Photographiques

ET LA

Photographie des Couleurs

RÉUNIES

ABONNEMENTS : FRANCE, **6** fr.; ETRANGER, **8** fr.

www.ingramcontent.com/pod-product-compliance
Ingram Content Group UK Ltd.
Pitfield, Milton Keynes, MK11 3LW, UK
UKHW021947260726
13994UKWH00004B/1591